시간을 걷는 이야기는 흐르는 시간 속에서 묻힌 이야기, 다시 꺼내고 싶은 이야기,
저절로 무르익은 이야기, 그리고 마침내 이야기로 피어난 이야기들입니다.

김종민 지음
아이들과 함께하는 여행을 좋아합니다. 아이들이 자라 함께 여행을 다니는 일이 줄었지만
혼자 가는 여행에서도 아이들과 함께한다고 여깁니다. 경주를 그리는 마음도 그러했습니다.
경주의 새벽을 여는 햇빛과 능선의 풀잎, 정숙한 탑의 자리에 놓인 고요한 여백 가운데서,
긴 시간이 담긴 유적의 자리에서 마음이 조용히 내려앉을 때마다 그 마음을 그렸습니다.
《우리 같이 걸어요, 서울 성곽길》,《영하에게는 작은 개가 있어요》,《큰 기와집의 오래된 소원》,
《소 찾는 아이》,《출동 119! 우리가 간다》,《호랑이 처녀의 사랑》,《워낭소리》 등을 작업했습니다.
순리를 따르고 자연의 태도를 닮아 가는 작가가 되고 싶습니다.

경주를
그리는
마음

초판 2쇄 펴낸날 2024년 11월 20일
지음 김종민 **디자인** 페이퍼민트
펴낸이 김동호 **펴낸곳** 키위북스 **편집장** 김태연 **편집** 김도연, 박주원
주소 경기도 고양시 일산동구 중앙로 1079, 522호
전화 031)976-8235 **팩스** 0505)976-8234 **전자우편** kiwibooks7@gmail.com
출판등록 2010년 2월 8일 제2010-000016호

ⓒ 김종민, 2023
ISBN 979-11-91748-65-9 77810
ISBN 979-11-85173-45-0 77810(세트)

• 책값은 뒤표지에 있습니다.
• 잘못된 책은 바꾸어 드립니다.

시간을 걷는 이야기 05

김종민 지음

경주를 그리는 마음

경주에 오면 제일 먼저
감포 바다를 보여주고 싶었어.
시원한 바닷물에 발 담그고
발가락 간질이는 파도를 느끼며
문무대왕릉 위로 돋는 아침 해를
함께 바라보고 싶었지.

이 웅장하고 거대한 탑은 언제부터
텅 빈 들판에 서 있게 된 걸까.
오래되어 갈라지고 군데군데 깨졌지만
단단하게 땅에 발 붙이고
하늘을 향해 우뚝 솟아 있는 모습이
당차고 늠름하게 느껴져.

가까이에서는 한눈에 다 들어오지 않아.
조금 떨어져서 보아야 저 멀리 들판 위로 펼쳐진 바다도,
두 개의 탑도 한눈에 담을 수 있단다.
율이 마음은 몇 걸음 떨어져서 보아야 잘 보일까.

삐이~삐이~. 쭈삐 쭈삐이~.
석굴암 가는 길에는 쉴새없이 지저귀는 새소리가 가득해.
어릴 적 귀엽게 재잘대던 너처럼 말이야.

아쉽지만 석굴암 본존불은 두 눈으로만 담아야 해.
어쩌면 사진으로 남기는 것보다
마음에 새기는 것이 더 오래 남을지도 몰라.
아빠가 율이 모습을 늘 마음에 담는 것처럼.

불국사는 변함없이 그대로구나.
어릴 땐 이 훌륭한 유산을 눈앞에 두고도
제대로 보지 않았어.
아는 것이 없으니 느낄 것도 없었지.
알고 나니 그제야 같은 풍경도 다르게 보이더라.
너에게도 언젠가는 그런 때가 올 테지.

마주 보고 있지만 너무 다른 석가탑과 다보탑은
품고 있는 이야기도 아주 흥미롭단다.
하긴 경주에 있는 돌, 나무, 기와, 탑…,
어느 것 하나 이야기를 품지 않은 것이 없지.
들어 볼래?

"엄마, 아빠 건강하게 해주세요."
"공주가 되게 해주세요."
율이가 어릴 적에 조그만
두 손을 모으고 빌던 소원을
아빠는 아직도 기억해.
지금 너의 소원은 무엇일까.

작은 연필과 빛바랜 원고지, 글이 빽빽한
작가의 공책을 보니 아빠 가슴에도
시인의 마음이 반짝이는 것 같아.

율이야, 우리도 시 한 편 써 볼까?

너는 복잡하고 활기찬 도시를 좋아하지만
아빠는 딱딱하고 현대적인 도시의 건축물보다
나무와 돌과 물이 자연스럽게 어울린 공간이 좋아.
밤에 다시 와 보자.
달빛과 조명을 받은 동궁과 월지를 보면 너도 반하게 될 거야.

오리 가족도 산책을 나온 걸까.
무슨 이야기를 나누는지 궁금하네.
따뜻하고 다정한 이야기면 좋겠다.

이상하지.
경주의 능은 무덤이라는 생각이
들지 않을 만큼 편안하고 아늑해.
우리도 봉황대 그늘 아래서
잠시 쉬어 가자.

활짝 핀 꽃 사이로 까치가 총총.
봉긋한 무덤 사이로 사람들도 총총.
주인을 알 수 없는 무덤 사이를
산책하듯 걷고, 줄지어 사진 찍는 풍경이
신기하고 재밌지 않니.

변함없이 화려하게 빛나는 금관, 파랗게 녹이 슨
도끼날, 하늘을 향해 날아오르는 천마도….
아득한 옛날 신라 사람들의 손길이 닿은 물건들을
눈앞에서 바라보고 있으니 신비롭기도 하고
묘한 기분이 들어.

천 년이 넘도록 무너지지 않고 한자리에
오래오래 있다는 것은 참으로 대단한 일 같아.
아빠도 율이 옆에서 오래오래 든든하게 서 있을게.

감포 바다의 해돋이, 동그란 능, 반짝이는 신라의 밤…
오늘 함께 보지 못한 풍경과 가지 않은 길을
이 다음엔 함께 바라보고, 함께 걸어 보자.
그때도 첨성대는 여기 있겠지.
묵묵히 서 있다 변함없이 우리를 맞아 주겠지.

경주 이야기

천년의 시간을 걸어요, 경주

경주는 천 년이라는 오랜 세월 동안 신라의 도읍이었어요. 그래서 경주의 역사는 곧 신라의 역사라고 할 수 있지요. 경주는 지금도 아름다운 신라 문화를 고스란히 간직하고 있는데, 천 년의 시간과 역사의 흐름이 곳곳에 새겨진 흔적들은 여전히 우리에게 이야기를 건네고 있어요. 천 년의 시간, 천 년의 이야기를 품은 땅에서 어제의 신라, 오늘의 경주를 만나 보세요.

천 년의 시간을 이어 온 어제의 '신라'

기원전 57년, 알에서 태어난 박혁거세가 경주 지역을 다스리던 여섯 마을 대표들의 지지를 받아 작은 나라를 세웠어요. 처음에는 서라벌, 서벌, 서나벌, 사로, 계림 등으로 다양하게 불리던 나라는 6세기 지증왕 때에 이르러 이름을 신라로 정했지요.

신라는 1대 박혁거세부터 마지막 왕인 56대 경순왕까지 992년간 총 56명의 왕이 나라를 다스렸어요. 고구려와 백제에 비해 늦게 발달했지만 삼국 통일을 이룬 뒤 원래의 소박한 문화 위에 고구려와 백제, 그리고 당의 문화까지 더해 화려한 문화를 꽃 피우며 크게 발전했지요. 석굴암, 불국사, 첨성대 같은 귀중한 문화유산도 이때 만들어졌어요. 하지만 8세기 후반부터 귀족들의 왕위 다툼과 지배층의 부패로 나라가 어지러워지기 시작하며 끝내 고려를 세운 왕건에게 항복해 멸망하고 말았답니다.

천 년의 역사를 이어 가는 오늘의 '경주'

신라는 사라진 지 오래지만, 오랫동안 신라의 도읍이었던 경주에서는 눈길이 머물고 발길이 닿는 곳곳에서 어렵지 않게 신라의 발자취와 마주할 수 있어요. 5개의 경주 역사지구와 석굴암, 불국사, 그리고 양동마을과 옥산서원 등 유네스코 세계유산으로 지정된 귀중한 문화유산뿐 아니라 누군가의 집 옆에 있는 동그란 무덤, 산길을 걷다 마주치는 돌무더기, 지금은 무너지고 없는 절터조차 화려했던 신라의 이야기를 품고 있을 것만 같지요.

오래되고, 무너지고, 묻혀 있지만, 그럼에도 경주는 천 년의 시간을 건너 왔다는 사실이 믿기지 않을 만큼 생생하게 살아 있고 오늘의 삶과도 여전히 이어져 있어요. 거대한 무덤이 눈앞에 불쑥불쑥 나타나고, 그 사이를 거닐며 산책하는 일이 자연스럽고, 길을 걷다 만나는 첨성대나 동궁과 월지에서는 천 년의 시간을 성큼 거슬러 오를 수도 있지요. 어제의 화려했던 역사 위에 오늘날의 삶을 더해 어제의 신라를 오늘로 이어 가고 있는 경주. 고대의 역사와 현재의 삶이, 어제의 신라와 오늘의 경주가 공존하고 있는 도시 경주는 오늘도 여전히 반짝반짝 빛나고 있답니다.

은은하게 반짝이는 경주의 시간 속으로

경주의 매력은 직접 걷고 눈으로 보아야 뚜렷하게 느낄 수 있어요.
문무대왕릉 - 감은사 - 석굴암 - 불국사 - 동리목월문학관 - 동궁과 월지 - 봉황대 - 대릉원 - 천마총 - 첨성대…
겹겹이 쌓인 시간과 향기 속에서 때로는 가깝게, 때로는 멀리 시간 여행자가 되어 보고 듣고 상상해 보세요.
소곤소곤 경주가 건네는 이야기에 귀 기울여 보세요. 역사책에서 보던 것과는 다른 경주를 느낄 수 있을 거예요.

경주 문무대왕릉
감포 바다에서 바라다보이는 문무대왕릉 사이로 해가 떠오릅니다. 죽어서도 나라를 지키겠다는 문무왕의 마음이 붉은 해로 솟아오르는 것은 아닐까요.

봉황대
봉황대 비탈면에는 아름드리 나무들이 자라고 있어 다른 능에서는 볼 수 없는 색다른 풍경을 보여 줍니다.

동궁과 월지
신라 태자가 기거하던 동궁과 바다와 같은 연못, 월지는 밤이면 더욱 아름다워요. 오랫동안 '안압지'로 불리다 2011년에 제 이름을 찾았으니 잊지 말고 제대로 불러야겠어요.

황남대총
황남대총은 커다란 능 2개가 붙어 있는 독특한 모양이에요. 남쪽 무덤의 주인은 남자, 북쪽 무덤의 주인은 여자로 부부의 무덤을 붙여 만든 것으로 추정하고 있어요.

경주 미추왕릉
미추왕릉은 경주 김씨 시조인 김알지의 후예로, 신라에서 김씨 가운데 처음으로 왕위에 오른 13대 미추왕을 모신 곳이에요.

천마총
천마총은 발굴 당시 하늘을 나는 말의 그림(천마도)이 발견되면서 붙여진 이름이에요. 대릉원 고분들 중 유일하게 안에 들어가서 발굴된 유물을 볼수 있어요.

경주 감은사지
감은사는 무너지고 없지만 나란히 서 있는 감은사지 동서 삼층석탑이 아버지 문무왕과 아들 신문왕의 이야기를 오늘날까지 전하고 있어요.

석굴암 석굴
석굴암 석굴은 나무로 지은 전실 안에 유리벽을 설치해 보호하고 있어요. 석굴암 주변에 널려 있는 석물들도 신라의 귀중한 유물이랍니다.

선덕여왕릉
신라 최초의 여왕이자 27대 왕인 선덕여왕은 울창한 소나무에 둘러싸인 채 낭산 꼭대기에 잠들어 있어요.

경주 불국사 삼층석탑
정식 이름은 '석가여래상주설법탑'이며, 줄여서 '석가탑'이라고 불러요. '무영탑'이라고도 부르는데, 이는 아사달과 아사녀의 전설에서 비롯된 이름이에요.

경주 불국사 다보탑
정식 이름은 '다보여래상주증명탑'이며, 줄여서 '다보탑'이라고 불러요. 다보탑 기단 돌 계단 위에는 돌사자 네 개가 놓여 있었는데 하나만 남아 있고, 또 하나는 런던 대영박물관에 있어요. 나머지 두 개는 행방을 알지 못한답니다.

첨성대
선덕여왕 때 만들어진 첨성대는 처음 지어진 그때 모습 그대로 우뚝 서 있어요.